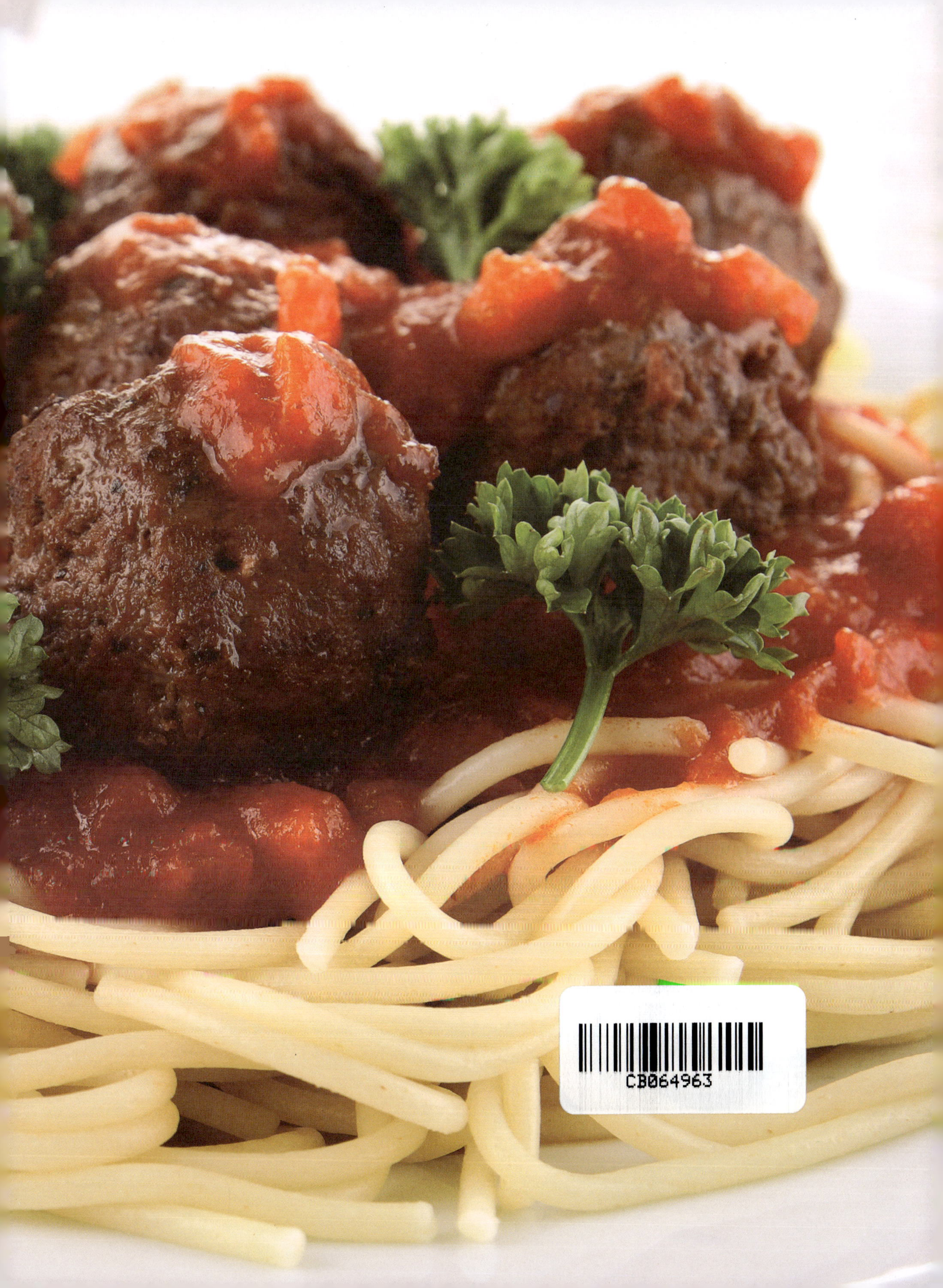

COZINHA PRÁTICA

MASSAS

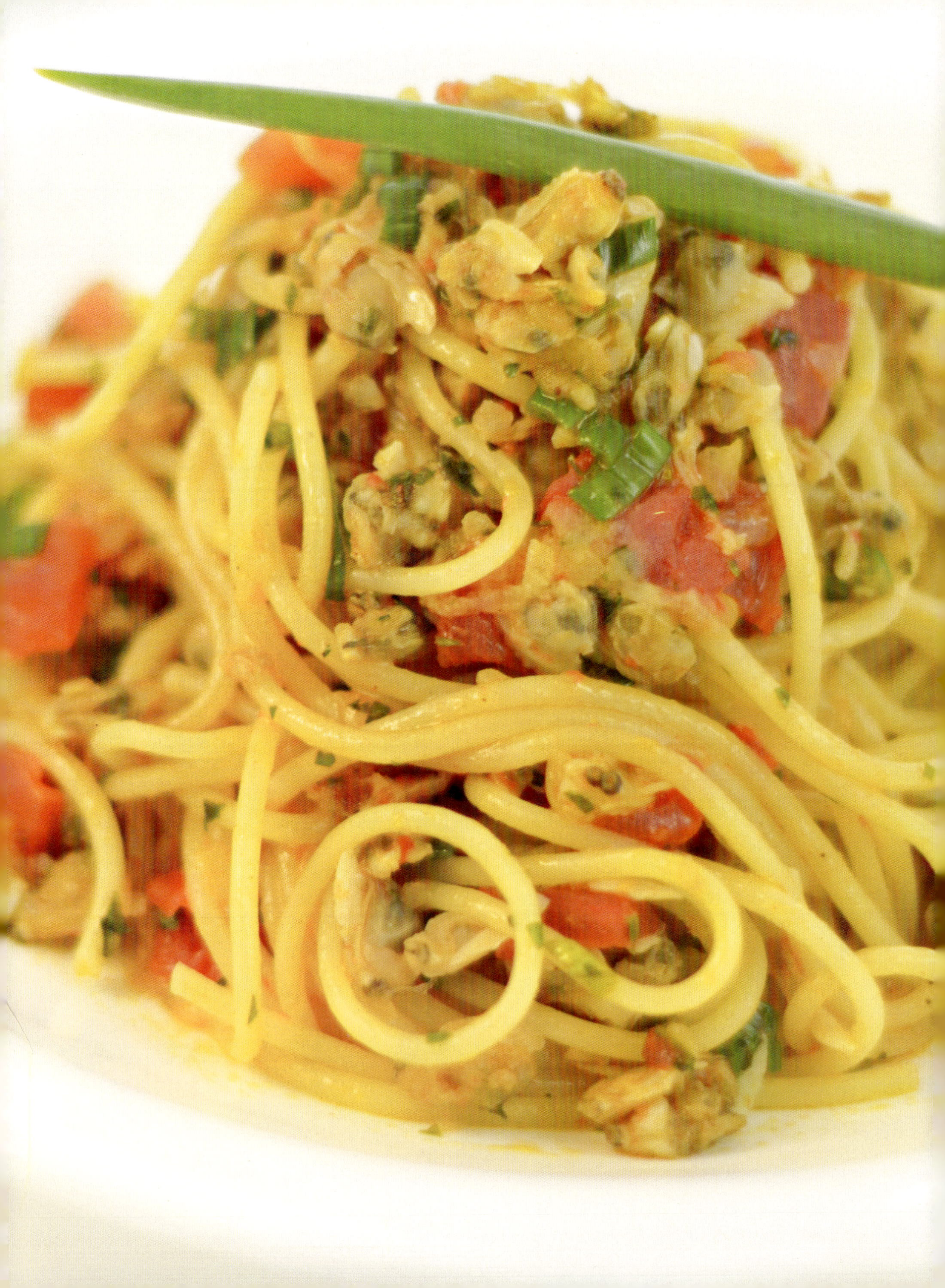

COZINHA PRÁTICA

MASSAS

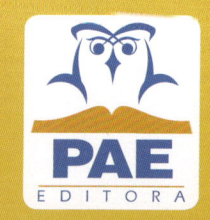

Editor
Cristian Muniz

Coordenação Pedagógica e Editorial
Geovana Muniz

Revisão
Equipe Editorial PAE

Capa, Projeto Gráfico e Editoração Eletrônica
WK Editorial

Dados Internacionais de Catalogação na Publicação (CIP)
(Câmara Brasileira do Livro, SP, Brasil)

Cozinha prática : massas / [editor Cristian Muniz]. -- São Paulo : PAE Editora, 2017.

1. Culinária (Massas) 2. Receitas I. Muniz, Cristian.

14-06814   CDD-641.822

Índices para catálogo sistemático:
1. Massas : Receitas culinárias : Economia doméstica 641.822

Impresso na China

Todos os direitos desta edição reservados à
PAE Editora
Av. Rudge, 346
01134-000 - São Paulo - SP
Tel: 11 3222-9015
www.pae.com.br

Sumário

6	Introdução	37	Pizza enrolada
7	Tipos de Massa Italiana	38	Pão Caseiro
8	Ingredientes para uma boa massa	39	Panqueca com Grão de Bico
10	Nhoque	40	Torta de Batata e Camarão
11	Macarrão com Presunto	41	Macarrão com Brócolis
12	Macarronada da Mama	42	Rigatoni com Ricota
13	Panquecas	43	Lasanha de Carne Seca
14	Lasanha de frango ao molho branco	44	Pão de Soja
16	Torta de Frango	45	Torta de Repolho
17	Canelone	46	Macarrão com Bacalhau
18	Pizza Mussarela	47	Espaguete à Carbonara
19	Pão de Queijo	48	Cabelo de Anjo
20	Pastel Assado	49	Espaguete Italiano
21	Penne ao Molho Branco	50	Conchiglione Italiano
22	Pastelão	51	Bruschetta
23	Calzone de Frango	52	Espaguete Integral
24	Pão de Batata	53	Spaghetti ao Pesto
25	Pastel de Carne	54	Spaghetti do Zucchini
26	Rondolli	55	Penne com Salmão
27	Calzone	56	Pão de Alho
28	Torta de Tomate e Cebola	57	Yakissoba
30	Torta de Batata e Carne Moída	58	Pasta à Carbonara
31	Macarrão Parisiense	59	Pão de Minuto
32	Espaguete à Putanesca	60	Bifum
33	Nhoque Verde	61	Macarronada rápida
34	Esfiha	62	Panqueca fácil
35	Canelone de Ricota e Espinafre	63	Equivalência de Pesos e Medidas
36	Torta de Pão de Forma		

Introdução

Modos de Servir as Massas

A forma mais simples de servir as massas é cozida em água e servida com diferentes molhos, quer como uma entrada, em que o molho é mais simples, como o molho de tomate ou o pesto, ou como prato principal, em que o molho pode conter carne, peixe ou mariscos, ou ainda vários tipos de vegetais. O hábito italiano de polvilhar o prato de massa com queijo ralado tornou-se também uma moda quase universal.

Outra forma simples de servir as massas, principalmente as de pequeno tamanho, é nas sopas. A massa guisada, em que a massa é cozida dentro do molho, é também uma forma usual de preparar este delicioso prato.

Tipos de Massa Italiana

Massas longas
- seção redonda: spaghetti e vermicelli
- seção perfurada: bucatini e ziti
- seção retangular: trenette e linguine
- seção larga: lasanha e reginette

Massas com forma de ninho ou bobina
- de grande espessura: pappardelle
- de espessura reduzida: capellini, tagliolini e fettuccine

Massas curtas
- maiores: rigatoni, sedani, fusilli, penne, tortiglioni
- menores: pipe, conchiglie, ditali e orecchiette

Massas pequenas (específicas para uso em sopas)
- quadrucci, stelline e ditalini

Massas recheadas
- tortellini, ravioli, agnolotti e canelone

Ingredientes para uma boa massa

Alguns tipos e ingredientes de Pastas

As formas de massas alimentícias vão desde lâminas como para lasanha, a canudos como o macarrão, servem de fios de diferentes espessuras, como o spaguetti ou a aletria ou ainda pequenas figuras como letras, pevides, conchas, espirais e muitas outras.

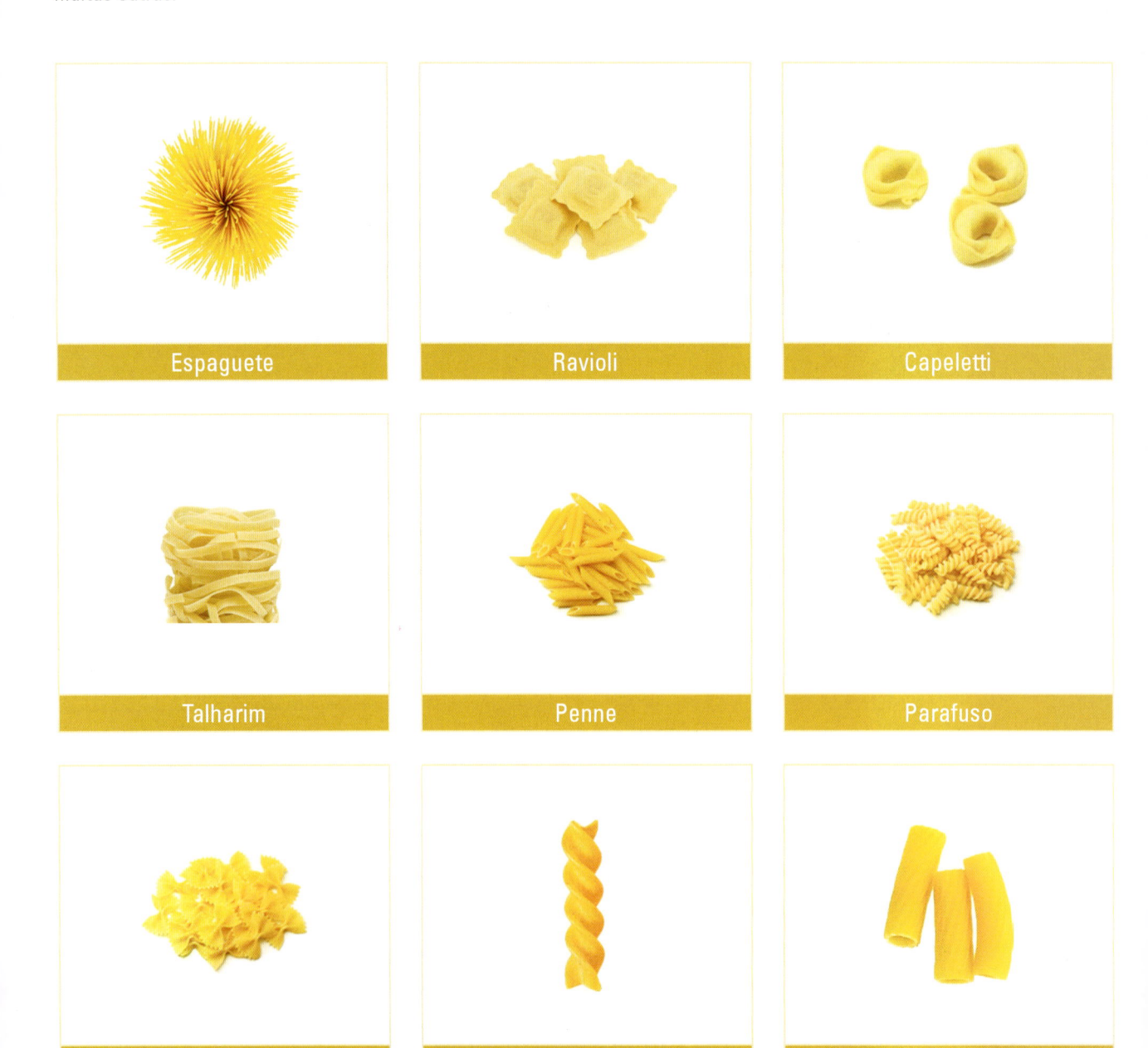

Espaguete	Ravioli	Capeletti
Talharim	Penne	Parafuso
Gravata	Fusilli	Rigatoni

Lasanha	Ave Maria	Azeite
Tomate	Salsa	Brócolis
Espinafre	Alicho	Salmão
Presunto Parma	Parmesão	Alcachofra

Ingredientes

- 2 caldos de galinha
- 3 xícaras de leite
- 6 colheres (sopa) de maionese
- 2 colheres de salsinha picada
- Sal a gosto
- 3 xícaras de farinha de trigo

Nhoque

1. Dissolva os 2 caldos no leite e leve ao fogo com a maionese, a salsinha e o sal.

2. Quando levantar fervura e a maionese derreter, retire do fogo e coloque a farinha de trigo de uma só vez misture bem rápido para não empelotar.

3. Volte a massa no fogo baixo, mexendo por 1 ou 2 min.

4. Desligue o fogo e deixe a massa amornar.

5. Sobre a mesa enfarinhada, coloque a massa e faça rolinhos.

6. Corte no formato de nhoque.

7. Em uma outra panela com água e sal, cozinhe os nhoques. A dica é que o nhoque seja retirado da água assim que ele subir, estará no ponto. Escorra e sirva com seu molho preferido.

Tempo de preparo

90 min

Rendimento

4 porções

Ingredientes

- 1 pacote de macarrão
- 1/2 kg de presunto picado
- Sal, pimenta, cheiro verde
- 2 copos de leite
- 2 colheres (sopa) de maisena
- 2 colheres (sopa) de queijo ralado
- 1 colher (sopa) de manteiga

Macarrão com Presunto

1. Cozinhe o macarrão em água e sal. Escorra e lave em água fria. Reserve.

2. Pique o presunto e refogue com 1 colher de manteiga, com sal, pimenta e cheiro verde picado.

3. Faça um molho branco com a maisena dissolvida no leite, a manteiga, queijo ralado e uma pitada de sal.

4. Deixe engrossar e arrume em um prato, da seguinte maneira, uma camada de macarrão, uma camada de presunto, uma camada de molho branco. Assim por diante, ficando o presunto no fim.

5. Polvilhe de queijo ralado e leve ao forno moderado.

Tempo de preparo

40 min

Rendimento

4 porções

Ingredientes

- Carne moída
- 1 lata de milho verde
- 1 lata de ervilha
- 1 lata de creme de leite
- 1 lata de molho de tomate
- 500 g de massa de sua preferência

Macarronada da Mama

1. Frite a carne moída temperada no fogo, acrescente o milho verde, a ervilha e por último o creme de leite e o molho de tomate.

2. Refogue o macarrão já cozido na manteiga, depois misture todos os ingredientes ao macarrão.

3. Coloque queijo ralado por cima da macarronada. Leve ao forno por alguns minutos.

Tempo de preparo

30 min

Rendimento

4 porções

Ingredientes

- 1 copo de leite
- 1 ovo
- 1 copo de farinha de trigo
- 1 colher (sopa) de óleo
- 1 pitada de sal

Panquecas

1. Bata os ingredientes no liquidificador.

2. Pré-aqueça uma frigideira de teflon com uma colherinha de óleo. Coloque a massa na frigideira com o auxílio de uma concha. Deixe assar até que a borda obtenha uma cor dourada. Vire a panqueca e recheie ao seu gosto (carne, queijo e presunto, frango etc.) deixando dourar o outro lado.

3. Enrole e reserve-as em um pirex.

4. Cubra com molho de tomate polvilhado com queijo ralado e leve ao forno pouco antes de servir só para aquecer.

Sempre que quiser pode aumentar a quantidade, é só dobrar a receita. Tirando o sal da receita você pode rechear a panqueca com doce de leite, brigadeiro, nutela, banana, geleia, etc.

Tempo de preparo

90 min

Rendimento

4 porções

Ingredientes

Recheio

- 2 peitos de frango sem pele
- 1 folha de louro
- 2 colheres (sopa) de azeite
- 1 cebola picada
- 2 dentes de alho picados
- 1 lata de tomates pelados e picados
- 1 colher (chá) de sal
- 1/2 colher (sal) de pimenta-do-reino moída

Lasanha de frango ao molho branco

Recheio:

1. Cozinhe o frango em água juntamente com a folha de louro. Escorra e desfie o frango, descartando todos os ossos.

2. Esquente o azeite e doure a cebola até murchar bem, depois acrescente o alho e frite por mais um minuto, sem deixar queimar.

3. Junte os tomates, tempere com o sal e a pimenta, deixe cozinhar em fogo médio por 5 minutos. Retire do fogo e reserve.

Molho branco:

1. Derreta a manteiga em uma panela, acrescente a farinha e doure bem, mexendo sempre, por uns 3 minutos.

2. Acrescente o leite aos poucos, mexendo sempre com um batedor de ovos para não formar pelotas. Tempere com sal, pimenta e noz-moscada e deixe o molho engrossar um pouco, depois remova do fogo e reserve. Pré-aqueça o forno em temperatura média (180 graus).

Tempo de preparo

50 min

Ingredientes

Molho branco

- 5 colheres (sopa) de manteiga
- 4 colheres (sopa) de farinha de trigo
- 4 xícaras (960 ml) de leite morno
- 2 colheres (chá) de sal
- 1 colher (chá) de pimenta-do-reino moída
- 1/2 colher (chá) de noz-moscada

Montagem

- 1 pacote de lasanha pré-cozida
- 500 g de queijo mussarela ralado grosso
- 1/4 xícara de queijo parmesão ralado

Montagem:

1. Espalhe um pouco do molho branco no fundo de uma forma de lasanha (23x33cm), faça uma camada de massa de lasanha, cubra com o recheio de frango, depois uma camada de mussarela e por último o molho branco. Repita as camadas nessa mesma ordem (molho branco, massa, recheio, mussarela). A última camada deve ser de molho branco.

2. Polvilhe toda a lasanha com o queijo parmesão ralado.

3. Cubra a lasanha com papel alumínio, cuidando para o papel não tocar na lasanha, para não grudar depois que o queijo derreter. Asse no forno preaquecido por 40 minutos. Retire o papel alumínio e asse por mais 10 minutos para dourar. Espere esfriar por 10 minutos antes de cortar e servir.

Rendimento

4 porções

Ingredientes

Massa
- 1 iogurte desnatado e sem soro (170 gramas)
- 2 ovos inteiros
- 4 colheres (sopa) cheias de queijo cottage
- 4 colheres (sopa) de requeijão cremoso
- Sal e orégano a gosto

Recheio
- 1 peito de frango cozido e desfiado (reserve o caldo)
- 2 dentes de alho
- 3 cebolas
- Salsinha e cebolinha
- Sal e pimenta-do-reino a gosto

Torta de Frango

1. Bata todos os ingredientes da massa no liquidificador.

2. Para o recheio, refogue as cebolas e o alho com um pouco do caldo de frango (reservado) até amolecerem e ficarem transparentes.

3. Adicione o frango desfiado e o restante dos temperos e espere o caldo secar.

4. Em uma assadeira, faça uma camada de massa líquida, depois adicione o frango refogado.

5. Depois, faça mais uma camada de massa líquida e, no final, coloque o orégano.

6. Preaqueça o forno a 180 graus e asse por aproximadamente 1 hora e 15 minutos.

Tempo de preparo

120 min

Rendimento

4 porções

Ingredientes

- 1 pacote de massa para pastel
- 500 g de mussarela
- 500 g de presunto
- 2 latas de molho de tomate
- 1 medida de água

Canelone

1. Abra a massa de pastel e coloque em cima o presunto e a mussarela.
2. Corte do mesmo tamanho e enrole.
3. Coloque na assadeira e continue até acabar a massa.
4. Coloque o molho em uma panela e junte a água, não precisa ir ao fogo, jogue em cima da massa e cubra com papel alumínio.
5. Leve ao forno por meia hora e bom apetite.

Tempo de preparo

50 min

Rendimento

4 porções

Ingredientes

- 1 xícara (chá) de leite
- 1 ovo
- 1 colher (chá) de sal
- 1 colher (chá) de açúcar
- 1 colher (sopa) de margarina
- 1 e 1/2 xícara (chá) de farinha de trigo
- 1 colher (sobremesa) de fermento em pó
- 1/2 lata de molho de tomate
- 250 g de mussarela ralada grossa
- 2 tomates fatiados
- Azeitona picada
- Orégano a gosto

Pizza Mussarela

1. No liquidificador bata o leite, o ovo, o sal, o açúcar, a margarina, a farinha de trigo e o fermento em pó até que tudo se misture.

2. Despeje em uma assadeira para pizza, untada com margarina, leve ao forno preaquecido por cerca de 20 minutos.

3. Retire do forno e espalhe o molho de tomate.

4. Cubra com mussarela ralada, as fatias de tomate e orégano a gosto.

5. Leve novamente ao forno até derreter a mussarela.

Tempo de preparo

50 min

Rendimento

2 pizzas médias

Ingredientes

- 4 copos (americanos) de polvilho doce (500g)
- 1 colher (sopa) fondor maggi ou sal a gosto
- 2 copos (americano) de leite (300ml)
- 1 copo (americano) de óleo (150 ml)
- 2 ovos grandes ou 3 pequenos
- 4 copos (americano) de queijo minas meia cura ralado
- Óleo para untar

Pão de Queijo

1. Colocar o polvilho em uma tigela grande.
2. À parte, aquecer o fondor, o leite e o óleo.
3. Quando ferver escaldar o polvilho com essa mistura, mexer muito bem para desfazer pelotinhas. Deixe esfriar.
4. Acrescentar os ovos um a um, alternando com o queijo e sovando bem após cada adição.
5. Untar as mãos com óleo, se necessário. Enrolar bolinhos de 2 (cm) de diâmetro e colocá-los em uma assadeira untada.
6. Levar ao forno médio (180º), preaquecido. Assar até ficarem douradinhos.

Tempo de preparo

90 min

Rendimento

4 porções

Ingredientes

- 1 latinha de guaraná com 290 ml
- 1/2 kg de gordura vegetal
- 1 kg de farinha de trigo
- 1 kg de carne moída
- Sal e tempero a gosto

Pastel Assado

1. Primeiro misture a gordura vegetal com a farinha de trigo e sal a gosto.

2. Em seguida, adicione todo o guaraná, ele é importante pois só assim a massa dará liga.

3. Abra a massa para preparar os pastéis.

4. Prepare a carne moída misturando seu tempero predileto, porém não deixe ela cozinhar muito.

5. Depois de montados os pastéis, pincele-os com gema de ovo e em seguida leve ao forno alto por aproximadamente 30 minutos.

Tempo de preparo

90 min

Rendimento

4 porções

Ingredientes

- 500 g de penne
- 1 cebola
- Alho
- Azeite
- 1 tablete de caldo de galinha
- 2 tomates maduros
- 200 g de presunto
- 150 g de mussarela
- Molho branco
- Queijo ralado a gosto

Penne ao Molho Branco

1. Coloque o Penne para cozinhar em água com óleo e sal a gosto. Retire do fogo quando estiver "al dente". Preaqueça o forno.

2. Enquanto isso, em uma panela, adicione o azeite e o alho. Quando o alho estiver dourado, acrescente a cebola (picada da forma que preferir).

3. Em seguida, adicione os tomates picados (sem pele e sem semente) e deixe cozinhar até formarem um caldo e adicione também o tablete de caldo de galinha.

4. Pique o presunto em fatias e adicione à panela. Adicione o penne e mexa bem.

5. Pique a mussarela em fatias e adicione à panela. Mexa brevemente (para não dar tempo de derreter) e coloque toda a mistura em um refratário.

6. Cubra com molho branco e queijo ralado e leve ao forno por 20 minutos para gratinar.

Tempo de preparo

40 min

Rendimento

4 porções

Ingredientes

- 3 ovos
- 1/2 copo de leite 100 ml
- 1 copo de azeite
- 2 xícaras de trigo
- 2 colheres (sopa) de fermento
- 1 pitada de sal

Recheio

- 1 kg de carne moída
- 1 lata de milho
- 1 lata de ervilha
- 1 cenoura
- 3 batatinhas
- 1 tomate
- 1 cebola
- Extrato de tomate
- Sal a gosto

Pastelão

1. Despeje em uma bacia o trigo, o leite e bata.

2. Depois coloque os ovos, o fermento e uma pitada de sal e bata novamente. Despeje o azeite aos poucos e fique mexendo até que esteja bem misturado.

3. Após misturar bem os ingredientes coloque uma camada bem fina de massa em uma forma.

4. Depois coloque o recheio a gosto e cubra com o restante da massa.

5. Leve ao forno em uma temperatura de 270º graus, aproximadamente 40 minutos.

Tempo de preparo

90 min

Rendimento

4 porções

Ingredientes

- 2 xícaras de farinha de trigo
- 1 colher (chá) de açúcar
- 1 colher (chá) de fermento em pó
- 1 colher (chá) de sal
- 3 colheres (sopa) de óleo
- 3 colheres (sopa) de aguardente
- 150 ml de leite ou água morna
- 1 gema para pincelar

Calzone de Frango

1. Despeje a farinha em uma tigela e misture todos os ingredientes secos, faça um buraco no meio dos ingredientes e acrescente o óleo, o aguardente e a água ou leite morno.

2. Amasse bem e deixe descansar por 30 minutos, abra a massa e recheie com o frango desfiado. Pincele com a gema batida e leve para assar no forno por 40 minutos.

Tempo de preparo

50 min

Rendimento

4 porções

Ingredientes

- 2 ovos
- 2 batatas grandes
- 2 tabletes de fermento (15 g)
- 2 colheres de óleo (sobremesa)
- 1 colher de margarina (sopa)
- 1/2 colher de sal (sobremesa)
- 1/2 copo de leite
- 1/2 xícara de açúcar
- 700 g de farinha de trigo (colocar até não grudar as mãos)

Pão de Batata

1. Bata todos os ingredientes no liquidificador (menos a farinha).
2. Acrescente farinha e misture em uma vasilha até não grudar nas mãos.
3. Faça pequenas bolinhas e deixe descansar por 30 minutos embaixo de uma lâmpada acesa.
4. Leve ao forno médio por 30 a 40 minutos.

Tempo de preparo

120 min

Rendimento

4 porções

Ingredientes

- 250 g de carne moída
- 2 ovos cozidos
- 1 cebola
- 1 dente de alho
- 1 colher (sopa) de manteiga
- 100 g de azeitona sem caroço
- Salsa e cebolinha
- Sal
- 1 pitada de pimenta-do-reino

Pastel de Carne

1. Coloque a carne em uma panela e leve-a ao fogo, vá mexendo até que fique completamente enxuta e solta.

2. Depois, junte a manteiga, a cebola batidinha e o alho socado.

3. Refogue bem, tempere com sal e pimenta-do-reino, acrescente as azeitonas picadinhas, os ovos em pedacinhos e boa porção de salsa e cebolinha verde cortadas bem fininhas.

4. Deixe por mais uns 2 a 3 minutos no fogo e leve para esfriar.

5. Recheie os pastéis e frite em óleo quente.

Tempo de preparo

90 min

Rendimento

4 porções

Ingredientes

- 1 pacote de massa de pastel
- 300 g de mussarela
- 300 g de presunto
- 250 g de requeijão cremoso
- 1 lata (350 g) de massa de tomate
- 2 caixas de creme de leite (400 g)
- Alho
- Cebola
- Orégano
- Sal

Rondelli

1. Leve ao fogo em uma panela o alho, a cebola, o sal, o orégano, a massa de tomate, adicione um pouco de água e por último o creme de leite. Faça um molho (o molho deve ficar um pouco líquido), reserve.

2. Abra a massa, corte no tamanho que desejar e recheie com uma colher bem cheia de requeijão, mussarela e presunto.

3. Enrole e depois corte em rodelas pequenas, repita esse processo eté acabar a massa.

4. Distribua as rodelas em uma forma de vidro, jogue por cima o molho reservado (as rodelas tem que ficar totalmente cobertas) e feche com papel alumínio.

5. Leve para assar na temperatura de 180° por 45 minutos ou até a massa estar bem cozida.

Tempo de preparo

90 min

Rendimento

4 porções

Ingredientes

- 1 1/3 copo de água (320 ml)
- 3 colheres (sopa) de azeite de oliva
- 3/4 colher (chá) de sal
- 4 copos de farinha de trigo (960 ml)
- 2 colheres (chá) de fermento biológico seco
- 1 gema de ovo para pincelar
- Orégano e queijo parmesão a gosto

Sugestão de recheio

- Atum desfiado ou em pedaços
- Camarão
- Brócolis, etc.

Calzone

1. Misture todos os ingredientes até que a massa fique uniforme e não grudenta.
2. Divida a massa em porções conforme o tamanho que desejar.
3. Estique a massa com um rolo. Faça o formato que desejar (redondo ou quadrado) e coloque o recheio.
4. Feche o calzone apertando as bordas com um garfo.
5. Pincele o calzone com 1 gema de ovo.
6. Salpique queijo parmesão ralado e orégano.
7. Asse em forno preaquecido à 200°.
8. Retire do forno após crescer e dourar.

Tempo de preparo

120 min

Rendimento

4 porções

Ingredientes

Para a massa

- 300 g de farinha peneirada
- 150 g de manteiga ou margarina
- 1 colher (chá) de sal
- 1 colher (sopa) de suco de limão

Torta de Tomate e Cebola

1. Coloque a farinha e o sal em uma tigela e adicione a manteiga ou margarina bem fria.

2. Corte com duas facas até que a manteiga seja reduzida ao tamanho de grãos de arroz.

3. Adicione o suco de limão e, em seguida, a água fria necessária para obter uma massa de pão macia (mas não muito úmida), que se desprenda da tigela ao mexer com a colher.

4. Coloque a massa sobre a mesa bem enfarinhada e estique rapidamente em forma de disco com um rolo bem enfarinhado para evitar que grude.

5. Forre com o disco de massa uma forma de torta untada com manteiga e arrume a borda.

Tempo de preparo

30 min

Rendimento

4 porções

Ingredientes

Para o recheio

- 3 ovos
- 2 xícaras de queijo semi-duro ralado
- 1 colher (chá) de orégano
- 1 xícara de flocos de trigo ou de milho
- 2 cebolas médias
- 2 tomates do diâmetro das cebolas
- 3 colheres (sopa) de óleo
- Sal
- Pimenta

Preparação do recheio:

1. Bata os ovos ligeiramente e misture com flocos de trigo ou milho, o queijo ralado, o sal e a pimenta a gosto.

2. Adicione a metade do orégano, unindo tudo muito bem.

3. Coloque a mistura na torta crua e introduza no forno, à temperatura alta durante 15 minutos.

4. Retire do forno e cubra com as cebolas e os tomates cortados em rodelas finas e dispostos de forma alternada e ligeiramente umas por cima das outras, cobrindo completamente a superfície da torta.

5. Tempere bem as hortaliças com sal, pimenta, o orégano restante e regue com azeite.

6. Leve novamente a torta ao forno, agora em temperatura moderada, até que a massa esteja bem cozida e crocante e a cebola levemente dourada.

7. Retire do forno e sirva quente ou fria a gosto.

Ingredientes

- 2 batatas grandes cozidas e espremidas
- 1 1/2 de xícara (chá) de leite desnatado
- 1 xícara (chá) de aveia em flocos regulares
- Pimenta-do-reino moída na hora
- 1/4 de xícara (chá) de queijo parmesão ralado para decoração
- Sal a gosto

Para o Recheio
- 1 1/2 colher (sopa) de azeite
- 1 cebola picada 350 g de carne moída magra
- Pimenta-do-reino moída na hora
- 1/2 xícara (chá) de castanha-do-pará picada
- 1/4 xícara de azeitonas pretas
- 5 talos de cebolinha lavados e picados
- Sal a gosto

Torta de Batata e Carne Moída

1. Misture os ingredientes do purê, divida-o em 2 partes iguais e reserve.
2. Para o recheio, aqueça bem uma frigideira em fogo alto.
3. Acrescente o azeite e refogue a cebola.
4. Junte a carne moída e cozinhe por cerca de 5 minutos.
5. Tempere com o sal e a pimenta.
6. Desligue o fogo e acrescente a castanha-do-pará e a cebolinha.

Para Montar:
1. Unte um refratário retangular de 20x30 cm com azeite.
2. Preencha o fundo do refratário com metade do purê e cubra com o recheio.
3. Termine preenchendo com o restante do purê.
4. Polvilhe com o queijo parmesão e leve ao forno a 180° C por cerca de 35 minutos.

Tempo de preparo
45 min

Rendimento
4 porções

Ingredientes

- 250 g de talharim
- 1 colher (sopa) de manteiga
- 1 lata de creme de leite
- 1/2 xícara chá de presunto picado
- 1/2 xícara (chá) de leite
- 2 xícaras (chá) de sobras de frango (cozido ou assado)
- 1/2 lata de ervilha
- Sal e pimenta a gosto

Macarrão Parisiense

1. Cozinhe o macarrão em 2 1/2 litros de água com sal.

2. Enquanto o macarrão cozinha, derreta a manteiga e misturando sempre junte o leite, o frango, a ervilha, o presunto e o creme de leite.

3. Tempere com sal e pimenta e retire do fogo sem que ferva.

4. Misture o molho ao macarrão com auxílio de 2 garfos.

Sirva com queijo ralado.

Tempo de preparo
50 min

Rendimento
4 porções

Ingredientes

- 1/2 kg de tomates maduros
- 1 pimenta malagueta vermelha picada
- 1 colher (sopa) de alcaparras
- 3 dentes de alho bem picados
- 6 filés de anchovas picados
- 6 colheres (sopa) de azeite de oliva
- 125 g de azeitonas pretas sem caroço
- 400 g de espaguete
- Sal a gosto

Espaguete à Putanesca

1. Refogue, no azeite, o alho e a pimenta malagueta até o alho começar a dourar.

2. Adicione os filés de anchova e amasse com um garfo. Junte os tomates sem pele e picados, as azeitonas, as alcaparras e o sal; mexa bastante, corrija o sal se preciso, cozinhe por 10 minutinhos.

3. Cozinhe o espaguete, coloque em uma tigela aquecida e despeje o molho por cima.

Sirva imediatamente.

Tempo de preparo

50 min

Rendimento

4 porções

Ingredientes

- 1 xícara farinha de trigo
- 1 maço de espinafre cozido e picado
- 1/2 kg ricota fresca amassada
- 2 ovos batidos
- 2 cubos de caldo de legumes
- 2 colheres (sopa) de margarina
- Queijo parmesão ralado (100 g)

Nhoque Verde

1. Em uma panela, derreta a margarina em fogo médio e vá refogando o espinafre.

2. Adicione a ricota, os ovos, a farinha, o queijo ralado, 1 cubo de caldo de legumes dissolvido em 2 colheres (sopa) de água fervente e misture bem.

3. Cozinhe até soltar do fundo da panela, sem parar de mexer. Transfira a massa para uma superfície enfarinhada e sove por cerca de 3 minutos.

4. Modele bolinhas e cozinhe-as em água fervente com óleo e sal. Quando estiverem subindo à superfície, retire-as e coloque-as em um refratário.

5. Dissolva o outro cubo de caldo de legumes em 2 colheres (sopa) de água fervente e misture ao molho. Se desejar nhoques com um formato diferente, enrole cordões de massa e corte nhoques com cerca de 2 cm.

Tempo de preparo

120 min

Rendimento

4 porções

Ingredientes

Para a massa

- 1 e 1/2 (ou 200ml) xícaras de água morna
- 1/2 xícara de óleo
- 2 colheres (sopa) de açúcar
- 1/2 colher (sopa) de sal
- 1 colher (sopa) de fermento biológico seco (não é fermento de bolo, é o de pão)
- 1/2 kg de farinha de trigo

Esfiha

1. Misture o óleo, o açúcar, o sal e o fermento, junte a água morna, em seguida a farinha de trigo aos poucos, com as pontas dos dedos, não é preciso sovar muito, só alisar a massa.

2. Faça os salgados que preferir, pincele gema de ovo e leve ao forno.

Tempo de preparo

50 min

Rendimento

4 porções

Ingredientes

- 8 massas para canelone cozidos "al dente"
- 1 litro de molho branco

Recheio

- 400 g de ricota fresca
- 1 xícara de parmesão
- 1 maço de espinafre cozido e picado
- Sal
- Noz-moscada
- Pimenta
- 1 colher (chá) de alho picado
- 2 colheres de cebola picada

Canelone de Ricota e Espinafre

1. Junte todos os ingredientes recheie os canelones e enrole cada um. Reserve.

2. Para fazer o molho de tomate, pegue 8 tomates cortados em pedaços, batidos no liquidificador com 3 colheres de sopa de água. Tempere com sal, azeite e manjericão fresco.

3. Na hora de montar forre um refratário com molho de tomate.

4. Arrume os canelones sobre o fundo.

5. Cubra os canelones com o molho branco e o de tomate.

6. Polvilhe com bastante parmesão ralado e leve ao forno para gratinar.

Tempo de preparo

50 min

Rendimento

4 porções

Ingredientes

- 1/2 caixa de creme de leite
- 1 kg de frango desfiado cozido
- 2 pacotes de pão de forma
- 2 colheres (sopa) de requeijão
- 300 g de maionese
- Mussarela a gosto
- Tempero a gosto

Torta de Pão de Forma

1. Retire as cascas dos pães de forma, unte um refratário com um pouco de maionese e forre com uma camada de pão de forma e reserve.

2. Bata na mão a maionese, o requeijão e o creme de leite (acrescente o creme de leite aos poucos para não ficar com muito gosto).

3. Coloque a esse creme os temperos que deseja. Agora passe o creme por cima da camada de pão de forma cobrindo todas as partes.

4. Jogue o frango por cima do creme e se preferir jogue um pouco de queijo ralado também.

5. Tampe o frango com outra camada de pão de forma e repita outra vez a sequência de creme, frango e uma nova camada de pão.

6. No final, espalhe o resto do creme por cima da última camada de pão e cubra com queijo mussarela.

7. Leve ao forno médio por quinze minutinhos ou até o queijo de cima estar mais moreno e crocante.

Tempo de preparo

50 min

Rendimento

4 porções

Pizza enrolada

1. Em uma tigela, misture a farinha, o ovo, o óleo, o fermento, a margarina e o sal. Adicione a água morna aos poucos, misturando para não empelotar. Cubra e deixe descansar por cerca de 20 minutos.

2. Abra os pedaços da massa com o rolo e recheie-os. Enrole as pizzas, pincele-as com a gema e arrume-as em um tabuleiro untado, deixando espaço entre elas.

3. Asse em forno médio por 20 minutos ou até dourar.

Para fazer uma pizza grande, deixe a massa inteira, se quiser, divida em até 4 partes.

4. Abra a massa e espalhe o molho de tomate. Cubra com o queijo e presunto, salpique orégano e enrole.

5. Passe para uma assadeira, pincele com leite ou ovo e asse por 20-30 minutos, até dourar.

Ingredientes

Massa
- 500 g de farinha de trigo
- 1 ovo batido
- 1/2 xícara de óleo
- 1 colher (sopa) de fermento em pó
- 1 colher (sopa) de margarina
- 1/2 colher (chá) de sal
- 200 ml de água morna

Recheio
- 4 colheres (sopa) de molho de tomate
- 200 g de queijo mussarela fatiado
- 200 g de presunto fatiado
- Orégano a gosto
- Leite ou ovo batido para pincelar

Tempo de preparo

30 min

Rendimento

4 porções

Ingredientes

- 2 copos e 1/2 de água morna
- 2 colheres (sopa) de açúcar
- 1 colher de sal
- 1 ovo
- 1 copo de óleo
- 1 kg de farinha de trigo
- 50 g de fermento de padaria

Pão Caseiro

1. Misture o fermento de padaria na água morna. Leve ao liquidificador o açúcar, o óleo, o sal, o açúcar, o ovo e a água com o fermento. Bata por alguns minutos.

2. Coloque em uma bacia grande esta mistura e acrescente o trigo aos poucos, misturando com as mãos (a quantidade de trigo suficiente se dá quando a massa não grudar em suas mãos). Deixar crescer por 1 hora

3. Divida a massa em partes e enrole os pães. Deixe crescer novamente por 40 minutos.

4. Leve para assar por mais ou menos 30 minutos.

Tempo de preparo

90 min

Rendimento

4 porções

Ingredientes

- 2 xícaras de farinha de grão de bico peneirada
- 1/2 colher (chá) de cúrcuma em pó
- 1 colher (chá) de pimenta vermelha em pó
- 1/2 colher (chá) de sementes de cominho
- 2 colheres (sopa) de coentro picado
- Sal a gosto

Panqueca com Grão de Bico

1. Em uma tigela grande, misture todos os ingredientes. Adicione água o bastante para obter uma massa de consistência média, ou seja, nem muito grossa, nem muito líquida.

2. Aqueça uma frigideira antiaderente. Abaixe o fogo e com o auxílio de uma concha, espalhe uma porção da massa de maneira uniforme.

3. Adicione algumas gotas de óleo ao redor da panqueca. Cozinhe em fogo médio por cerca de 2 minutos ou até que o lado de baixo esteja dourado.

4. Vire a panqueca e novamente adicione algumas gotas de óleo ao redor. Frite por 2 minutos ou até que o outro lado também esteja dourado. Repita o procedimento para fazer o restante das panquecas.

Tempo de preparo

90 min

Rendimento

4 porções

Ingredientes

- 400 g de camarão médio
- 3 colheres (sopa) de azeite
- 1 cebola picada
- 1 dente de alho picado
- 3 tomates sem pele e sem sementes cortados em cubos
- 1/4 de xícara (chá) de alcaparras escorridas
- 1 kg de batata cozida e passada no espremedor
- 3 ovos
- 3 colheres (sopa) de farinha de rosca
- 2 colheres (sopa) de margarina
- 2 colheres (sopa) de queijo parmesão ralado
- Sal e pimenta a gosto

Torta de Batata e Camarão

1. Prepare o recheio, limpando o camarão e temperando com o sal e a pimenta.

2. Em uma panela, aqueça o azeite, doure a cebola, o alho e os camarões. Junte os tomates e cozinhe por alguns minutos até amolecer e formar um pouco de molho. Adicione as alcaparras e deixe esfriar.

3. Prepare a massa em uma tigela, misture a batata, o sal, a pimenta, os ovos, a farinha de rosca, a margarina e 1/2 xícara de (chá) de parmesão.

4. Em uma forma com fundo removível e levemente untada, coloque metade da massa de batata, o recheio e cubra com o restante da massa.

5. Polvilhe o queijo parmesão ralado restante e leve ao forno, pré-aquecido, a 200°C durante 30 minutos.

Tempo de preparo

90 min

Rendimento

4 porções

Ingredientes

- 400 g de macarrão talharini
- 200 g de ricota
- 70 g de queijo ralado
- 1 xícara de molho de tomate
- Sal
- Pimenta

Macarrão com Brócolis

1. Coloque o macarrão e o brócolis para cozinhar em panelas separadas.

2. Escorra bem o macarrão e pique o brócolis bem pequeno e fino, reserve.

3. Coloque o azeite, sal e o alho até dourar, em seguida adicione o brócolis e o macarrão.

Misture bem e sirva.

Tempo de preparo

30 min

Rendimento

4 porções

Ingredientes

- 400 g de macarrão rigatoni
- 200 g de ricota
- 70 g de queijo ralado
- 1 xícara de molho de tomate
- Sal
- Pimenta

Rigatoni com Ricota

1. Prepare antes de tudo um molho de tomate leve.

2. Enquanto isso cozinhe o macarrão em água com sal fervendo, passe-os pelo escorredor de massa, coloque em uma tigela, acrescente imediatamente a ricota passada por uma peneira e o molho bem quente por cima.

3. Leve à mesa em seguida e sirva, com queijo ralado à parte para que cada um adicione a gosto.

Tempo de preparo

90 min

Rendimento

4 porções

Ingredientes

- 3 pacotes de macarrão para lasanha (pré-cozida)
- 1/2 kg de carne seca (charque)
- 500 g de mussarela
- 500 g de presunto
- 1 lata de milho
- 1 copo de requeijão
- 1 vidro de azeitona picada
- 1 sachê de molho pronto
- sal e pimenta calabresa a gosto
- 1 pacote de queijo ralado
- 1 copo de leite

Lasanha de Carne Seca

1. Pique a charque, escalde e cozinhe, desfie e refogue com alho, cebola, milho e azeitona. Junte o requeijão e reserve.

2. Pegue uma travessa retangular.

3. Monte a lasanha, primeira camada de molho, segunda camada de macarrão, terceira camada de charque, quarta camada de mussarela e presunto, coloque outra camada de molho e repita os mesmos ingredientes da primeira camada.

4. Finalize com macarrão e mussarela e o queijo ralado.

5. Acrescente o leite e sazon, e regue a lasanha. Deixe-a descansar por 1 hora na geladeira.

6. Cubra com papel alumínio e leve ao forno, no fim retire o papel alumínio e deixe dourar.

Tempo de preparo

60 min

Rendimento

4 porções

Ingredientes

- 2 tabletes de fermento biológico ou
- 1 envelope de fermento biológico instantâneo
- 1 colher (sopa) de açúcar
- 1 xícara (chá) de leite de soja
- 4 ovos
- 3/4 xícara (chá) de resíduo de soja
- 1/2 colher (sobremesa) de sal
- 1 colher (sopa) de óleo
- 4 xícaras (chá) de farinha de trigo
- 1 colher (sopa) de margarina

Pão de Soja

1. Misture bem o fermento, o açúcar e o leite de soja morno, adicione os ovos inteiros, o resíduo da soja, o sal e o óleo, misturando sempre. Acrescente a farinha de trigo aos poucos até a massa estar pronta para modelar.

2. Divida a massa em duas partes e deixe descansar por 10 minutos.

3. Abra a massa com ajuda de um rolo e passe a margarina.

4. Faça o formato desejado, coloque em uma forma de pão untada com margarina e farinha de trigo, deixe descansar 15 minutos e leve para assar em forno preaquecido, em temperatura média.

5. Recheie como desejar, a massa é básica e pode ser doce ou salgada.

Tempo de preparo

120 min

Rendimento

4 porções

Ingredientes

- 1 repolho grande picado bem fino
- 4 tomates sem pele e sementes, cortados em cubos
- 1 cebola grande picada
- 4 ovos inteiros
- 2 à 3 xícaras (chá) de farinha de trigo
- 1 xícara de óleo
- 4 dentes de alho amassados
- 100 g de queijo parmesão ralado
- 100 g de presunto picado (opcional)
- 1 colher (sopa) rasa de fermento em pó
- Sal

Torta de Repolho

1. Preaqueça o forno a 180º.
2. Em uma tigela misture todos os ingredientes e coloque em uma assadeira untada.
3. Leve ao forno por 30-35 min.

Sirva com arroz branco, ou como entrada.

Tempo de preparo

90 min

Rendimento

4 porções

Ingredientes

- 1/2 cebola picada
- 1 tomate picado
- 1 dente de alho picado
- 400 g de bacalhau dessalgado, cozido e desfiado
- 500 g de macarrão tipo parafuso
- Azeitonas pretas picadas
- Salsa picada

Molho branco

- 1 litro de leite
- 1 colher (sopa) de manteiga
- 1 colher (sopa) de farinha de trigo
- 1 pitada de noz-moscada
- Queijo ralado
- Sal a gosto

Macarrão com Bacalhau

1. Cozinhe o macarrão e reserve.
2. Em uma panela, derreta a manteiga, depois adicione a farinha de trigo, o leite e mexa até engrossar.
3. Em outra panela, doure o alho no azeite e coloque o bacalhau, o tomate picado a salsinha e refogue.
4. Agora misture e refogado do bacalhau com o molho branco.
5. Coloque esse creme sobre o macarrão parafuso e sirva a seguir.

Tempo de preparo

90 min

Rendimento

4 porções

Ingredientes

- 400 g de espaguete
- 150 g de toucinho defumado
- 3 ovos
- 50 g de parmesão ou pecorino ralados
- 1 dente de alho
- 60 g de manteiga
- Sal, azeite e pimenta-do-reino branca a gosto

Espaguete à Carbonara

1. Cozinhe o espaguete al dente em um grande volume de água fervente e com sal.

2. Durante este tempo, corte o toucinho em pequenos pedaços de cubo.

3. Em uma outra panela grande, o suficiente para conter o macarrão, esquente a manteiga e refogue o toucinho e o alho, até que o alho esteja bem dourado e o toucinho crocante. Bata os ovos inteiros na mão junto com o parmesão ou o pecorino. Coloque sal e a pimenta-do-reino-branca.

4. Coloque a massa escorrida na panela e misture com o toucinho. Retire a panela do fogo.

5. Incorpore a mistura à base de ovos.

6. Misture rapidamente até que toda a massa fique coberta do molho dos ovos e do queijo. Sirva.

Tempo de preparo

50
min

Rendimento

4
porções

Ingredientes

- 1/2 cebola picada
- 2 ovos cozidos
- 100 g de mussarela picada
- 300 g massa tipo cabelo de anjo
- 200 g de presunto cozido picado
- Azeitonas verdes
- Orégano
- Azeite
- Sal

Cabelo de Anjo

1. Cozinhe delicadamente a massa, escorra e coloque no gelo ou água gelada.

2. Pique a cebola em pedaços pequenos.

3. Pique a mussarela, o presunto e os ovos cozidos e junte à cebola.

4. Depois misture tudo e tempere com orégano, azeite e sal.

5. Misture com cuidado a massa já cozida e escorrida e junte azeitonas verdes e sirva.

Tempo de preparo

90 min

Rendimento

4 porções

Ingredientes

- 1 pacote de espaguete (500 g)
- 1 colher (sopa) de manjericão fresco picado
- 2 colheres (sopa) de queijo parmesão ralado
- 2 colheres (sopa) de azeite
- 2 sticks
- 5 tomates maduros, sem pele e sem sementes, cortados em pedaços grandes

Espaguete Italiano

1. Cozinhe o macarrão em água fervente e sal, até que fique *al dente*.
2. Enquanto isso, em uma panela, esquente o azeite, coloque os tomates, o sticks e refogue ligeiramente.
3. Junte o manjericão e misture.
4. Escorra o macarrão, coloque em um recipiente refratário e coloque o refogado de tomates.
5. Polvilhe o queijo ralado e sirva a seguir.

Tempo de preparo

30 min

Rendimento

4 porções

Ingredientes

- 100 g de macarrão em conchas (conchiglione)
- 1 maço de espinafre cozido e picadinho
- 150 g de ricota amassada
- 1 envelope de tempero em pó sabor legumes
- Sal a gosto
- Molho de tomate fresco

Conchiglione Italiano

1. Cozinhe a massa, reserve-a.
2. Em um recipiente coloque a ricota amassada, o espinafre e o tempero em pó.
3. Mexa muito bem e coloque o sal.
4. Com uma colher de (chá), vá recheando as conchas e colocando-as em um prato.
5. Quando todas estiverem recheadas coloque o molho de tomate fresco por cima.
6. Aqueça no micro-ondas e sirva.

Tempo de preparo

90 min

Rendimento

4 porções

Ingredientes

- 4 tomates italianos maduros
- 400 g de pão italiano fatiado
- 15 g de folhas de manjericão
- Azeite extra virgem,
- Sal e pimenta-do-reino a gosto

Bruschetta

1. Higienizar os tomates, retirar o meio e cortar em quadradinhos pequenos. Reservar.

2. Aquecer o forno, e torrar as fatias de pão italiano. Reservar.

3. Em um recipiente, colocar os tomates picados, as folha de manjericão, azeite, sal e pimenta-do-reino, misturar com delicadeza.

6. Ajustar os temperos, e colocar em cima das torradas. Leve ao forno por 15 minutos.

Servir imediatamente.

tempo de preparo

30 min

Rendimento

4 porções

Ingredientes

- 1/2 xícara (chá) de coentro picado
- 1 cebola grande picada
- 2 dentes de alho picados
- 150 ml molho shoyo
- 150 ml de vinho branco
- 200 ml de azeite de oliva
- 350 ml de água (do bacalhau)
- 400 g de lascas de bacalhau
- 500 g de macarrão integral
- Sal e pimenta a gosto

Espaguete Integral

1. Cozinhe o bacalhau na água. Após o cozimento, retire o bacalhau e reserve.

2. Cozinhe o macarrão seguindo as instruções da embalagem. Reserve.

3. Aqueça o azeite e frite a cebola, o alho, acrescente o molho shoyo, a água do bacalhau e as lascas de bacalhau. Refogue em fogo baixo por 15 minutos.

4. No final, coloque o vinho branco e o coentro e refogue por mais 5 minutinhos.

5. Escorra o macarrão e misture o refogado a ele.

Tempo de preparo

40 min

Rendimento

4 porções

Ingredientes

- 1/4 de xícara (chá) de nozes
- 1 dente de alho pequeno
- 1 pote de iogurte desnatado
- 1 xícara (chá) de folhas de manjericão
- 4 colheres de queijo parmesão ralado
- 6 colheres (sopa) de azeite extra virgem
- Sal a gosto
- 500 g de massa longa tipo spaguetti

Spaghetti ao Pesto

1. No processador ou liquidificador, misture as nozes, o alho, o azeite e o queijo ralado até formar uma pasta grossa. Adicione o iogurte, tempere com sal e bata até obter um molho denso.

2. Junte o manjericão e bata rapidamente. Misture e reserve na geladeira.

3. Ferva 5 litros de água em um caldeirão e tempere com sal grosso.

4. Quando estiver borbulhando, despeje a massa, mexa e cozinhe até ficar al dente.

5. Escorra e sirva com colheradas do pesto.

Tempo de preparo

50 min

Rendimento

4 porções

Ingredientes

- 11 colheres (sopa) de salsa picada
- 1 pote de moyashi (broto de feijão)
- 1 maço de manjericão fresco
- 2 dentes de alho
- 2 abobrinhas médias
- 4 colheres (sopa) de azeite de oliva extra virgem
- 12 tomates cereja cortados ao meio
- Sal e pimenta-do-reino a gosto

Spaghetti de Zucchini

1. Rale as abobrinhas médias no sentido horizontal para que fiquem no formato de espaguete e reserve.

2. Em uma frigideira esquente o azeite e frite o alho até começar a dourar.

3. Junte o tomate, a salsa e deixe cozinhar até soltar bastante líquido.

4. Adicione a abobrinha ralada, o manjericão fresco e o moyashi (broto de feijão) apenas para aquecer.

5. Ponha sal e pimenta do reino a gosto e sirva.

Tempo de preparo

90 min

Rendimento

4 porções

Ingredientes

- 300 g de salmão fresco
- 200 ml de creme de leite
- Azeite
- 500 g de penne

Penne com Salmão

1. Corte o salmão em pedaços pequenos, frite no azeite.
2. Acrescente o creme de leite e cozinhe por 5 minutos.
3. Adicione o penne cozido.

Tempo de preparo

30 min

Rendimento

4 porções

Ingredientes

- Pão francês
- 1 pote de maionese
- 1 pote de catupiry
- Alho a gosto
- Orégano a gosto

Pão de Alho

1. Bata no liquidificador a maionese, o catupiry e o alho.

2. Depois corte os pães como se fosse fatiá-los em rodelas, mas não separe-os.

3. Recheie cada corte, feche e passe a pasta de alho envolta do pão. Leve para churrasqueira ou forno tradicional.

Deixe dourar e é só saborear.

Tempo de preparo

50 min

Rendimento

4 porções

Ingredientes

- 500 g de espaguete 8
- 5 folhas de acelga
- 1 cenoura média
- 1 cebola grande
- 5 vagens (já fervidas)
- 1 cabeça de couve-flor
- 200 g de carne bovina em tira
- 200 g de peito de frango em cubo
- 1/2 pimentão verde
- 1/2 pimentão amarelo ou vermelho
- 1 ovo
- 2 xícaras de shoyu tradicional (molho de soja)
- 1 colher (sopa) de açúcar
- 4 colheres (sopa) de amido de milho
- Sal a gosto.

Yakissoba

1. Cozinhe o macarrão em água fervente de 8 a 10 minutos. Escorra lave e deixe esfriar.

2. Preparo do molho: Em uma panela, coloque um pouco de óleo frite a carne levemente e reserve.

3. Refogue o frango, acrescente a carne bovina, acrescente 750ml de água, o shoyu, o açúcar e o sal e deixe ferver.

4. Bata o ovo em uma tigela e junte o amido já dissolvido em um pouco de água; junte os legumes menos a acelga deixe o molho engrossar e coloque a acelga. Sirva o molho sobre o macarrão.

Tempo de preparo

90 min

Rendimento

4 porções

Ingredientes

- Massa espaguete ou penne 500 g
- 200 g de bacon em cubo sem gordura
- 1 cebola picada
- 1 dente de alho picadinho
- Creme de leite para molhos (lata ou caixinha)
- 1 copo de leite desnatado
- Salsinha picada
- 1 a 2 cubos de caldo de carne ou legumes
- Queijo parmesão
- 2 colheres de azeite de oliva
- Sal a gosto
- Manjericão
- Limão verde

Pasta à Carbonara

1. Em uma panela frite com azeite de oliva o bacon em cubos, logo após junte a cebola, salsinha, alho e deixe ficar bem douradinho, e mexendo para não pegar no fundo da panela.

2. Quando estiver já douradinho esprema o limão verde e deixe secar, logo após adicione o copo de leite desnatado e deixe dar uma fervidinha, mas não secar, logo a seguir adicione o creme de leite e misture tudo até fazer um creme homogêneo e formar líquido, mais não muito, você deve dosar dependendo da quantidade de creme desejado, e junte o manjericão.

3. Cozinhe a massa e junte tudo, acrescente queijo ralado e saboreie esta deliciosa pasta a la carbonara bom apetite.

Tempo de preparo

90
min

Rendimento

4
porções

Ingredientes

- 3 xícaras (chá) de farinha de trigo
- 2 colheres (sopa) de margarina
- 2 colheres (sopa) de açúcar
- 1 ovo
- 1 colher (chá) de sal
- 1 xícara (chá) de leite
- 1 colher (sopa) de fermento em pó

Pão de Minuto

1. Em um recipiente coloque a farinha, a margarina, o açúcar, o sal e o ovo levemente batido. Misture a cada ingrediente adicionado.
2. Junte o leite e mexa (neste momento, se necessário, adicione mais farinha).
3. Coloque o fermento.
4. Sove sobre superfície lisa.
5. Deixe a massa descansar por aproximadamente 10 minutos coberta com um pano.
6. A seguir, enrole uma bolinha e achate no fundo.
7. Coloque em assadeira retangular (não precisa untar).
8. Leve ao forno preaquecido 180°C a 200°C por 20 minutos.

Tempo de preparo

50 min

Rendimento

4 porções

Ingredientes

- 1 pacote de macarrão de bifum
- 1 xícara de bacon picado em cubos pequenos
- 1 dente de alho picadinho
- 1/2 cebola picadinha
- 1 cenoura picada em cubos pequenos
- 1 xícara de repolho picadinho
- 1/2 xícara de cebolinha picadinha
- 1 saquinho de hondashi
- 1 colher de café de ajinomoto
- 1 colher (sopa) de óleo de gergelim
- 1/4 xícara de shoyu

Bifum

1. Ferva 2 litros de água. Adicione o macarrão bifum por 5 minutos na água fervente. Escorra e jogue água fria por cima, escorra e reserve.

2. Em uma panela, frite o bacon, junte o alho e a cebola, deixe até dourarem.

3. Acrescente a cenoura, e refogue até que fique macia.

4. Junte o repolho picadinho, mexa sempre. Acrescente o hondashi, o ajinomoto, o óleo de gergelim e o shoyu. Misture bem.

5. Acrescente a cebolinha picadinha. Em um recipiente grande misture esse molho ao macarrão.

Sirva quente.

Tempo de preparo

40 min

Rendimento

4 porções

Ingredientes

- 500 g de linguine ou espaguete
- 500 g de tomates cereja cortados ao meio
- 2 cebolas em fatias finas (cerca de 2 xícaras)
- 6 dentes de alho cortados em fatias finas
- 1/2 colher (chá) de pimenta vermelha em flocos
- 2 raminhos de manjericão
- 4 colheres (sopa) de azeite extravirgem de oliva
- 5 xícaras de água
- Queijo parmesão ralado na hora, para servir
- Sal grosso e pimenta moída na hora

Macarronada rápida

1. Em uma panela grande coloque tudo cru – o macarrão, o tomate, a cebola, o alho, a pimenta em flocos, o manjericão, o azeite, 2 colheres de (chá) de sal, 1/4 colher de (chá) de pimenta-do-reino moída na hora e a água.

2. Leve para ferver em fogo alto.

3. Quando ferver, vá mexendo e virando a pasta frequentemente, até que a massa fique cozida al dente e a água tenha quase evaporado, mais ou menos uns 10 minutos.

4. Remova do fogo e sirva com queijo parmesão ralado na hora.

Tempo de preparo

20 min

Rendimento

4 porções

Ingredientes

- 2 xícaras (chá) de farinha de trigo
- 3 1/2 xícaras (chá) de leite
- 2 ovos
- 1 colher chá de sal

Panqueca fácil

1. Bata no liquidificador todos ingredientes até formar uma mistura cremosa.

2. Rende 16 panquecas, se feita em frigideira pequena. Você pode rechear com seu recheio preferido, inclusive recheios doces.

Tempo de preparo

20 min

Rendimento

16 panquecas

Equivalência de Pesos e Medidas

Passo a Passo

1. Afofe e peneire ingredientes secos como farinhas, açúcar e outros, antes de serem medidos. Coloque-os cuidadosamente no recipiente de medida, sem serem comprimidos ou sacudidos.

2. Coloque o recipiente para medir ingredientes líquidos sobre uma superfície reta e verifique o nível na altura da vista.

3. Retire da geladeira com antecedência as gorduras sólidas como manteigas, margarinas, banhas e outras, para que sejam medidas na temperatura ambiente. Coloque no recipiente de medida, apertando para que não fiquem buracos vazios ou bolhas de ar.

Como medir Líquidos

Coloque o recipiente graduado, ou a xícara em cima da mesa e encha com o líquido até a marca desejada. Se usar colher, encha até a borda sem derramar.

Como medir Ingredientes Secos

Encha a xícara ou o recipiente com a farinha, o açúcar, chocolate em pó, etc… e não comprima, nem sacuda. Apenas passe uma faca por cima para tirar o excesso.

Como medir Gorduras Sólidas

Para medir manteiga, margarina, gordura vegetal na xícara, encha toda a xícara comprimindo com a ajuda de uma colher, depois passe uma faca por cima para tirar o excesso.

Copos, xícaras e ml	
1 xícara	240 ml
1 copo de requeijão	240 ml
1 copo duplo	240 ml

Pesos e Medidas		
1 litro	4 copos americanos	1000 ml
1 xícara	16 colheres (sopa)	240 ml
1 colher (sopa)	3 colheres (chá)	15 ml
1 colher (chá)	1/3 colher (sopa)	5 ml

Ingredientes (1 xícara de chá)	
Açúcar	160 g
Araruta	150 g
Arroz cru	210 g
Amêndoas, nozes e castanhas	140 g
Aveia	80 g
Banha	230 g
Chocolate em pó	90 g
Coco seco ralado	80 g
Farinha de mandioca	150 g
Farinha de rosca	80 g
Farinha de trigo	120 g
Fubá	120 g
Maisena	150 g
Manteiga	230 g
Mel	300 g
Polvilho	150 g
Queijo ralado	00 g
Uva Passa	140 g

Equivalência de Pesos e Medidas

Equivalências (g)	
1 litro	equivale a 6 xícaras (chá) ou 4 copos
1 garrafa	equivale a 3 e 1/2 xícaras (chá) ou 2 e 1/2 copos
1 copo de água comum	equivale a 250 g
1 prato fundo nivelado	equivale a 200 g
1 xícara (chá) de líquido	equivale a 150 g ou 20 colheres (sopa)
1 xícara (chá) rasa de açúcar	equivale a 120 g
1/4 xícara (chá) de líquido	equivale a 5 colheres (sopa)
1/3 xícara (chá) de líquido	equivale a 6 colheres (sopa)
1/2 xícara (chá) de líquido	equivale a 10 colheres (sopa)
2/3 xícara (chá) de líquido	equivale a 12 colheres (sopa)
3/4 xícara (chá) de líquido	equivale a 15 colheres (sopa)
1 cálice	equivale a 9 colheres (sopa) de líquido
1 quilo	equivale a 5 e 3/4 xícaras (chá)
250 g de manteiga	equivale a 1 e 1/4 xícara (chá)
1/4 de xícara (chá) de manteiga ou margarina	equivale a 4 colheres (sopa)
1 xícara (chá) de amendoim torrado	equivale a 140 g
1 xícara (chá) de farinha de rosca	equivale a 150 g
1 colher (sopa) de farinha de rosca	equivale a 11 g
1 xícara (chá) de coco ralado seco	equivale a 75 g
1 xícara (chá) de óleo	equivale a 170 g
1 colher (sopa) de óleo	equivale a 10 g
1 colher (sopa) de sal	equivale a 13 g
1 colher (chá) de sal	equivale a 5 g
1 colher (sopa) de fermento em pó	equivale a 12 g
1 colher de chá de fermento em pó	equivale a 5 g
1 xícara (chá) de maisena	equivale a 120 g
1 colher (sopa) de maisena	equivale a 8 g
1 colher (chá) de maisena	equivale a 2 g
1 pitada é o tanto que se pode segurar entre as pontas de dois dedos ou 1/8 de colher	

Líquidos (leite, água, óleo, bebidas alcoólicas, café etc.) (ml)	
1 xícara	240 ml
1/2 xícara	120 ml
1/3 xícara	80 ml
1/4 xícara	60 ml
1 colher (sopa)	15 ml
1 colher (chá)	5 ml

Chocolate em pó (cacau em pó)	
1 xícara	90 g
1/2 xícara	45 g
1/3 xícara	30 g
1/4 xícara	20 g
1 colher (sopa)	6 g

Manteiga (margarina e gordura vegetal)	
1 xícara	200 g
1/2 xícara	100 g
1/3 xícara	54 g
1/4 xícara	16 g
1 colher (sopa)	20 g

Açúcar	
1 xícara	180 g
1/2 xícara	90 g
1/3 xícara	60 g
1/4 xícara	45 g
1 colher (sopa)	12 g
1 colher (chá)	4 g

Farinha de trigo	
1 xícara	120 g
1/2 xícara	60 g
1/3 xícara	40 g
1/4 xícara	30 g
1 colher (sopa)	10 g